L'UTOPIE D'UN SÉNONAIS

Vers le milieu d'octobre de l'année 1824, dans une modeste chaumière de la commune de Subligny, près de Sens, s'éteignait un vieillard presque octogénaire dont la vie, simple et pure, n'avait pas été dépourvue de grandeur. Ce vieillard était Jean-Claude Chastellain, né le 4 décembre 1747 à Hermé, arrondissement de Provins. Son père, homme de grand mérite, avait été employé à la Banque de Law ; il était, parait-il, d'un caractère très irascible, et transmit à son fils son ardente et fougueuse nature. Ce défaut chez ce dernier était largement compensé par une grande générosité d'âme et par une philanthropie qui ne s'est pas démentie jusqu'à son dernier jour. Après avoir fait quelques études chez un chanoine de Bray, des circonstances de famille le fixèrent à Paron, près de Sens, où il possédait la propriété du Chesnoy, qui avait une certaine importance. Il la vendit, pendant la tourmente révolutionnaire, pour une somme de soixante-dix mille francs, dont dix mille lui furent payés en espèces et le reste en assignats.

Au moment où ces valeurs commencèrent à subir une notable dépréciation, au lieu d'en tirer parti, comme tant d'autres, en achetant des propriétés dites nationales, il céda brusquement à un mouvement de colère et jeta au feu les soixante mille francs qui constituaient une bonne partie de sa fortune.

R.F.

Imp. Lemercier & Cie Paris.

J. G. CHASTELLAIN

Député à la Convention Nationale

.Son intelligence et sa position personnelle l'avaient mis de bonne heure en relief dans sa contrée. Nous le voyons, en 1790, administrateur du district de Sens, où il joua un rôle assez considérable.

On sait qu'un décret de l'Assemblée nationale, après avoir divisé la France en départements et les départements en districts ou arrondissements, avait décidé que chaque district aurait un Conseil général chargé de l'administration. Le 3 mai 1790, les membres élus par les cantons, au nombre de douze, se réunirent en la salle du conseil du bailliage de Sens, choisi provisoirement jusqu'à l'établissement d'un lieu fixe pour les séances des Conseil et Directoire du district.

Ces membres étaient : MM. Hérard, Lemoine, Poyen, Villiers, Moreau, Guillemain, Masson, Lorillon, Delajon, Epoigny, Chastellain et Truchy. Les membres présents élurent, au scrutin secret, M. Villiers pour présider l'assemblée. On procéda ensuite à la nomination d'un secrétaire pris en dehors du Conseil. Edme Drège, prote d'imprimerie à Sens, ayant obtenu l'unanimité des suffrages, fut proclamé secrétaire (1).

Dans la même séance, on vota également, au scrutin, pour la nomination de quatre membres qui devaient composer le Directoire du district, c'est-à-dire le pouvoir exécutif du Conseil général. Les membres élus furent : Hérard (2), Lemoine, Chastellain et Lorillon.

L'Assemblée, ainsi constituée, commença immédiate-

---

(1) Nous appelons l'attention du lecteur sur cet Edme Drège, dont nous aurons à parler dans le cours de ce travail. Nous avions vainement réclamé, à Sens et à Auxerre, des renseignements sur ce personnage, quand l'examen des procès-verbaux du Conseil général de Sens, que nous devons à l'obligeance bien connue de notre savant ami M. Quantin, nous apprit qu'il avait été secrétaire de ce corps administratif après avoir été prote d'imprimerie chez Tarbé. Drège n'était pas un travailleur vulgaire. Devenu l'ami et le collaborateur de Chastellain, il a laissé, dans le projet constitutionnel de ce dernier, des traces considérables de son assistance. Esprit original et penseur profond, il a dû exercer une grande influence sur les idées et les écrits de son ami le conventionnel.

(2) Hérard (Jean-Baptiste) fut élu, en même temps que Chastellain, député à la Convention nationale par le district

ment ses travaux. Il faut lire les procès-verbaux de chaque séance, rédigés par Drège, pour se faire une idée de l'habile et sage direction que ces hommes nouveaux imprimèrent aux affaires départementales. Il y avait alors, on le sent, de nobles espérances et une foi profonde dans l'avenir politique de la France. On ne se préoccupait que de perfectionner et consolider l'édifice du bonheur public, que d'affermir la prospérité nationale et de découvrir des horizons inconnus. L'œuvre immense de l'Assemblée nationale trouvait, sur tous les points du royaume, des adeptes pleins d'ardeur et des collaborateurs convaincus.

En 1792, Chastellain fut nommé représentant du peuple à la convention nationale. Il avait produit sa candidature sous le titre de *cultivateur*. Son rôle, dans cette mémorable Assemblée, ne fut pas très accentué ; il prit une très faible part aux discussions et aux orages de chaque jour. Appelé à faire connaître son verdict sur le sort de l'infortuné Louis XVI, Chastellain, seul de ses collègues de l'Yonne, vota pour la détention et le bannissement à la paix. Les huit autres, Maure aîné, Lepelletier de Saint-Fargeau, Turreau de Lignières, Boileau, Précy, Bourbotte, Hérard et Finot, avaient prononcé la peine de mort.

Plus tard, une circonstance solennelle devait mettre au grand jour sa fermeté et son courage.

Chastellain faisait partie du groupe des Girondins, dont la fraction de la Montagne et le comité révolutionnaire avaient juré l'anéantissement.

Déjà les journées du 31 mai et du 2 juin avaient consommé l'arrestation des plus illustres. Un pareil acte devait soulever la colère et l'indignation de leurs collègues ; aussi s'étaient-ils concertés au nombre de soixante-treize pour dresser une protestation publique contre cette violence et cette mutilation de la représentation nationale. La manifestation, loin de venir en aide aux in-

---

de Sens. Il vota la mort du roi et fit partie du Conseil des Anciens sous le Directoire. A la suite du 18 brumaire, il devint juge du tribunal criminel de son département et fut exilé sous la Restauration. Il mourut aux Etat-Unis.

fortunés qu'attendait le tribunal révolutionnaire, devint, entre les mains de leurs adversaires, une nouvelle liste de proscription. Le 3 octobre 1793, à la séance de la Convention nationale, Amar, représentant du peuple et membre du comité de sûreté générale, monte à la tribune. Des ordres avaient été donnés pour que personne ne pût sortir de la salle ni des galeries voisines. Après un long et laborieux rapport contre les Girondins emprisonnés ou décrétés d'arrestation et nominativement désignés comme traîtres à la patrie et devant subir l'expiation de leurs crimes, l'accusateur requiert, en dernier lieu, contre les soixante-treize signataires : « Ceux, dit-il, qui ne « sont pas envoyés au tribunal révolutionnaire seront mis « en état d'arrestation et les scellés apposés sur leurs « papiers. Il sera fait, à leur égard, un rapport particu- « lier par le comité de sûreté générale. »

Il donne lecture des noms inscrits sur la protestation. Arrivé à la signature de Chastelain, il la déclare illisible et allait passer outre quand le député de l'Yonne se leva d'un seul bond et s'écria : « Cette signature est la mienne; « je demande à partager le sort de mes collègues ! »

Nous avons consulté le *Moniteur* et le *Compte-Rendu officiel* de la séance du 3 octobre; cet incident n'y est pas relaté. Il faisait néanmoins partie de la légende historique de Chastellain, et il a été reproduit, dans une notice biographique qui parut après sa mort dans les *Petites Affiches*, de Sens, notice signée par son ami Rayon-Beauchêne.

Si l'action parlementaire de notre conventionnel fut à peu près nulle aux séances de l'Assemblée, en revanche ses études et ses méditations furent incessantes. Chastellain, cœur honnête et généreux, rêvait un monde bien différent de celui qui s'agitait sous ses yeux. Il avait suivi avec une anxiété curieuse les discussions provoquées par la confection d'un projet de constitution, qui fut sanctionnée le 5 fructidor, an III. Cette ébauche, qui ne satisfaisait ni les républicains purs ni les monarchistes, était loin d'avoir acquis ses sympathies.

Rappelons, en quelques lignes, les principaux articles de ce document constitutionnel, qui, frappé d'une profonde blessure au 18 fructidor, finit par recevoir le coup de grâce le 18 brumaire, cinq ans après sa promulgation.

La Constitution de l'an III portait :

Que la République française était une et indivisible ;

Que l'universalité des citoyens français était le Souverain ;

Que la division de la France en départements serait maintenue, chaque département devant être distribué en cantons et chaque canton en communes ;

Que tout homme né et résidant en France, âgé de 21 ans, s'étant fait inscrire sur le registre civique de son canton, ayant demeuré, depuis, pendant une année sur le territoire de la République, et payant une contribution directe, foncière ou personnelle, était citoyen français, appelé comme tel à voter dans les assemblées primaires ;

Qu'il y aurait au moins une assemblée primaire par canton ;

Que toutes les élections se feraient au scrutin secret ;

Que chaque assemblée primaire nommerait un électeur jusqu'au nombre de trois cents citoyens inclusivement ; deux électeurs depuis trois cent un jusqu'à cinq cents, etc., etc. ;

Que pour être électeur, il faudrait être âgé de 25 ans accomplis et être soit propriétaire, soit usufruitier, soit locataire d'un bien évalué à cent, cent cinquante ou deux cent journées de travail, suivant la population des communes ou des localités ;

Qu'il y aurait une assemblée électorale par département ;

Que les assemblées électorales éliraient les membres des deux branches du Corps législatif, ceux du tribunal de cassation, les hauts jurés, les administrateurs des départements, les président, accusateur public et greffier du tribunal criminel et les juges des tribunaux civils ;

Que la législation serait confiée à deux conseils : l'un, celui des *Cinq-Cents*, chargé de proposer les lois ; l'autre, celui des *Anciens*, chargé de les accepter ou de les rejeter, et tous les deux renouvelables par tiers chaque année ;

Que les membres du Corps législatif recevraient une indemnité annuelle de la valeur de trois mille myriagrammes de froment;

Que le Corps législatif aurait une garde qui ne pourrait être au-dessous de quinze cents hommes en activité de service;

Que le *Conseil des Anciens* aurait le droit de changer la résidence du Corps législatif;

Qu'aucune proposition, dans le *Conseil des Cinq-Cents*, ne pourrait être délibérée ni votée qu'après trois lectures, à dix jours d'intervalle l'une de l'autre;

Que le pouvoir exécutif serait délégué à un *Directoire* de cinq membres âgés de 40 ans au moins;

Que les membres du *Directoire* seraient nommés par le *Conseil des Anciens*, au scrutin secret, sur une liste présentée par le *Conseil des Cinq-Cents*;

Que le *Directoire* serait partiellement renouvelé par l'élection d'un membre chaque année;

Qu'il nommerait hors de son sein et révoquerait les ministres dont les attributions et le nombre seraient d'ailleurs déterminés par le Corps législatif;

Que la mission du *Directoire* serait de pourvoir, d'après les lois, à la sûreté intérieure et extérieure de la République, de surveiller et d'assurer l'exécution des lois dans les administrations et tribunaux, par des commissaires, à la nomination, mais sans qu'il fût admis pour cela à entrer en partage du pouvoir législatif.

La presse était déclarée libre; mais on interdisait toute société populaire tenant des séances publiques.

Suivaient beaucoup d'autres articles qui se rapportaient à des détails ou qui rentraient dans les constitutions précédentes.

C'est à cette époque, c'est-à-dire en thermidor, an III, que Chastellain fit paraître son essai gouvernemental sous le titre de : *Pacte social combiné sur l'intérêt physique, politique et moral de la nation française et autres nations, peuples et puissances de l'Europe.*

Il est dédié aux habitants des villes, des campagnes et aux armées composant la nation et le peuple français.

Dans une adresse à la Convention nationale, le député sénonais se plaint de la précipitation avec laquelle on a

confectionné une constitution que l'on a hâte de faire
adopter sans avoir pris le temps d'étudier le plan constitutionnel qu'il vient soumettre à ses méditations.

« Dans l'ensemble de votre acte constitutionnel, dit-il,
« je reconnais les lambeaux de cette chemise de Nessus
« jetée sur le peuple par les législatures précédentes,
« que l'on a vu fuir aussitôt pour n'en être point dévo-
« rées les premières. Pouvez-vous vous flatter de sauver
« la patrie en employant des formes toutes semblables
« à celles qui l'ont déjà perdue ? »

Il cherche en vain l'équilibre du pouvoir et la garantie
du peuple contre le gouvernement dans l'organisation du
Directoire et des deux Corps législatifs ; il n'y voit qu'a-
narchie, confusion et guerre sous toutes les formes.

Il voit Paris, dépourvu du régime dont il est suscep-
tible, toujours en guerre pour et contre ses propres intérêts, restant monarchie au sein d'une République comme
il était République dans une monarchie, condamné à
être l'affliction du gouvernement, le tourment des législateurs, le fléau des provinces et de soi-même.

Il déplore l'anarchie du commerce intérieur et exté-
rieur, l'instabilité du gouvernement, la circonscription
indécise d'un grand territoire qui prête également à la
conquête et à l'envahissement, enfin une paix incertaine,
n'ayant pour caution que l'impuissance du moment et la
mauvaise foi de tous les jours.

Ce tableau, dont la vérité n'était pas exclusivement
applicable aux premiers temps du Directoire et qui re-
trouve quelques traits de bien triste ressemblance avec
ce qui s'observe de nos jours, se termine par ces mots
prophétiques :

« Si je n'avais mission et pouvoir d'ouvrir mon avis
« au milieu de vous, si je ne connaissais cette soif du
« bonheur public qui vous tourmente et vous dévore,
« j'attendrais en silence le moment où tous les citoyens
« jouiront (pour la dernière fois peut-être) de leur part
« dans le droit indivis et sacré de la souveraineté, pour
« rejeter le contrat qui, selon moi, doit les en priver à
« jamais..... mais je lui dois compte de mon opinion
« pour éclairer la sienne ; rien ne me dispense de ma
« dette. S'il est trop tard pour revenir sur vos pas et re-

« commencer votre ouvrage, vous ne pouvez apposer le
« sceau du silence sur le pacte social que bien avant
« vous j'ai médité et préparé pour le bonheur de mon
« pays et pour votre propre salut. Je vous aurais mis
« à la portée de le lui offrir plus tôt, si l'oppression sous
« laquelle la France a gémi, si l'honorable captivité,
« dont j'ai partagé les fers avec ses plus zélés défen-
« seurs, m'en eussent laissé les moyens. »

On le voit, Chastellain avait une foi robuste en son œuvre ; il prévoyait l'insuffisance et la caducité de l'acte constitutionnel de l'an III et restait persuadé que son plan avait seul les conditions nécessaires pour rendre à la République la paix et le bonheur. Il y a donc intérêt et curiosité à passer en revue les bases principales de ce projet, qui dort depuis quatre-vingts ans dans la poussière de nos bibliothèques.

Notre réformateur commence par énumérer les causes premières de la décadence et de la perte des empires :

Dans le cours des révolutions physiques et politiques, écrit-il, il est des symptômes frappants, qui présagent tantôt la dépopulation de l'espèce humaine, tantôt la variation et quelquefois la ruine entière des gouvernements. Tels sont :

1° La multiplicité des lois ;

2° La dette publique surpassant la valeur des propriétés particulières ;

3° La dépense du gouvernement qui, malgré l'excès de l'imposition, s'élèverait au-delà du recouvrement ;

4° La consommation, laquelle dévore annuellement la reproduction.

Pour arriver à un gouvernement irréprochable, il faut, selon lui, que la souveraineté du corps social repose immédiatement sur l'universalité de ses membres, qu'elle soit, à leur égard, ce que l'âme est à l'homme ; qu'elle ne puisse pas appartenir à l'un plus qu'à l'autre, ni désormais être envahie par aucun ;

Que le gouvernement, premier esclave de la chose publique, ait la liberté nécessaire pour le bien servir ;

Que la volonté générale, dominant seule, ne puisse donner dans les écarts et le déréglement des volontés particulières ;

Que le droit public, abandonné à sa rectitude ordinaire, devienne le résultat et non la règle des droits de chaque partie contractante ;

Que chacun, étant rangé à la place où son intérêt et sa commodité l'appellent, la crainte de perdre au changement lui impose la loi d'y rester ;

Enfin, que les charges communes soient simplifiées, accommodées aux facultés, librement consenties, régulièrement acquittées, économiquement employées.

Telles sont les conditions que Chastellain a cherché à rendre possibles.

Il demande, à cet effet, que la France soit divisée en trois cantonnements, qui seront séparés par trois lignes tirées du point central et aboutissant, l'une à la Manche, près Saint-Brieuc ; l'autre au Rhin, près Colmar ; l'autre aux Pyrénées, près Villefranche de Conflans, passant par le méridien de Paris. Chacun de ces cantonnements renfermera quarante divisions appelées *cités*. La cent-vingt-unième sera réservée.

Chaque cité sera divisée en *municipalités* et *procuraties*, qui représenteront les villages et les villes et bourgs.

Les grandes villes et les ports de commerce et de pêcherie, situés sur les bords de l'Océan, de la Manche et la Méditerranée, quoiqu'enclavés dans les cités et confondus avec les municipalités et procuraties qu'elles renferment, ne feront pas partie des cités susdites, mais formeront deux divisions distinctes sur le territoire, comme dans la population.

Les grandes villes seront Paris, Lyon, Lille, Strasbourg et Toulouse. Chacune sera divisée en *curie* qui, elle encore, sera subdivisée en *décuries* et *centuries*. Dans ces dernières s'exercera le droit de vote et tous les autres actes qui tiennent à la souveraineté.

Il y aura en outre des syndicats maritimes dans chacun des trois cantonnements du territoire.

Chastellain indique le fonctionnement de ces tribus séparées dont l'action isolée doit, selon lui, converger vers le bien général de la communauté nationale.

Il divise ensuite le corps social en cinq éléments principaux : « Sur un terrain immense, entouré de mers, dont le climat inconstant et inégal dans ses produits, exige une culture variée, où le travail et l'industrie doivent suppléer à ce qui manque à la fertilité; l'on voit une nation composée de cinq peuples différents, adonnés à cinq professions essentielles, savoir : l'agriculture, le commerce, la navigation, l'état militaire et les arts ; vivant ensemble par habitude plutôt que par affection ; amis par besoin, ennemis par intérêt, ne se réunissant jamais sans discord, et ne pouvant se passer les uns des autres. »

Tels sont les cinq éléments qui, confusément éparpillés sur tous les points du territoire, auront à se partager en tribu rustique, en tribu urbaine et en tribu militaire, selon qu'ils auront pour habitation les campagnes, les villes et bourgs, et qu'ils seront adonnés à la profession des armes et spécialement chargés de la sûreté intérieure et extérieure.

Suivent les divisions et subdivisions du corps social en sections, dont le fonctionnement n'est pas bien facile à comprendre sur une simple analyse. Nous y renvoyons le lecteur désireux d'étudier ce programme d'une complication extrême et que nous ne pouvons ni approuver ni condamner en dehors de la sanction pratique.

La vie politique du corps social constitué en République réside donc dans l'exercice réfléchi de la souveraineté.

Trois actes principaux constituent le droit de souveraineté : le vote, l'élection et la délibération.

Le vote est l'acte du souverain ; il est le résultat de la volonté exprimée de toutes les assemblées mères ; il s'exerce sur trois objets principaux ; la guerre et la paix, les lois, le subside.

Viennent ensuite de très judicieuses considérations sur les moyens de sauvegarder la paix intérieure et extérieure, et sur la manière de décider la guerre avec les puissances étrangères.

Dans la discussion qui précédera l'émission du vœu des assemblées mères, il sera, dit Chastellain, loisible aux particuliers plus instruits, ou qui se croient tels, d'ouvrir leur avis et d'en déduire les motifs. Mais dans aucun cas il ne sera permis à l'auteur d'un discours, harangue ou autre ouvrage écrit, de le lire lui-même, Il le déposera sur le bureau. Le président, après avoir consulté l'assemblée, le fera lire par une autre personne. Si l'assemblée refuse d'entendre la lecture, le manuscrit sera rendu à l'auteur.

Ici notre conventionnel ajoute une note qu'il est curieux de reproduire pour montrer où en était l'état des esprits vers la fin de la période parlementaire de la première république :

« Il n'est pas de plus dangereux écueil pour la liberté
« des opinions, d'appât plus attrayant pour les ambi-
« tieux, de moyen plus terrible pour égarer l'esprit pu-
« blic, que la facilité avec laquelle les assemblées ac-
« cordent au premier venu la permission de lire ou débi-
« ter des discours dans les tribunes populaires. Le cœur
« de la multitude, ouvert à toutes les passions, à toutes
« impressions auxquelles les événements où les circons-
« tances donnent l'essor, mais toujours ami, quoiqu'on
« en dise, de tout ce qui est vrai, juste et bon, se laisse
« séduire par le brillant étalage de ces longues périodes
« où les mots de *justice*, de *vertu*, de *fraternité* sont pla-
« cés et prononcés avec affectation, et finit par tomber
« dans les piéges d'un intrigant, d'un fripon, d'un fourbe,
« qui lui payera par des siècles de malheurs un moment
« de crédulité. Le peuple n'a que faire de ces beaux dis-
« cours, que le plus souvent il ne comprend pas. Avez-
« vous quelque chose de bon à dire? Écrivez-le sur la
« pierre, il la ramassera et vous bénira. Les vrais enne-
« mis du peuple sont à la tribune. Veut-il les connaître ?
« Qu'il regarde en face ceux qui le plaignent et le flattent
« sans cesse, ne font rien pour lui et tout pour eux-
« mêmes. »

L'opinion de Chastellain, relativement à la confection des lois, est assez remarquable : il veut que le vote des lois appartienne aux assemblées mères.

« Afin, dit-il, que le Souverain ne soit point exposé à voter sans examen et sans connaissance de cause, il lui sera présenté, pour chaque loi, *trois rédactions* qui auront été préparées séparément dans les trois conclaves du Corps législatif. Le vote ne s'exercera pas sur une loi dans la même session où elle aura été présentée, mais les trois projets seront déposés au greffe de la municipalité dans le sein de laquelle se tiendront les assemblées mères. Ils y resteront jusqu'à l'année suivante, afin que pendant l'année d'intervalle les citoyens puissent en prendre communication, soit par la lecture, soit par extrait ou copie, et se mettre à même de juger sainement et de voter avec connaissance, tant sur la loi elle-même que sur le mérite comparatif des trois projets. »

Ce mode législatif serait-il d'une facile application et aurait-il les résultats que le réformateur en espérait? Nous ne le croyons pas. Comment s'en tirerait-on aujourd'hui, où presque toutes les lois nouvelles sont proposées et votées d'urgence, où l'instabilité des hommes et des choses paraît devenir la règle invariable? M. Vacherot a parfaitement répondu à ce vœu qui demande trop légèrement le vote des lois par les assemblées populaires. « C'est méconnaitre, dit-il, la nature et la constitution des sociétés modernes. Les cités antiques ont pu le faire, en raison du petit nombre de leurs concitoyens et des loisirs que leur ménageait l'institution de l'esclavage. Et encore à quel prix l'ont-elles fait ! Quel gouvernement que celui de la place publique ! Il faut lire Aristophane pour en avoir une idée ; et l'on comprend les dégoûts d'un Cimon, d'un Socrate, d'un Phocion pour une pareille démocratie. D'ailleurs, ne voit-on pas que le gouvernement direct devient de plus en plus impossible, dans les sociétés modernes, à mesure qu'elles croissent en nombre? Ce n'est plus le peuple romain qui parait, qui vote sur le forum, aux temps des Marius et des Césars ; c'est une populace sans nom, aux gages des partis ou des factions. D'une autre part, quand la démocratie moderne aurait atteint la perfection en lumières, en moralité, en bien-être, le gouvernement direct y serait encore impossible, vu la nécessité de laisser un libre cours à l'activité sociale et professionnelle de tous les citoyens. Le citoyen effaçait complètement l'homme, le chef de famille, dans la cité antique. C'est le contraire dans la société moderne. L'organisation sérieuse de la démocratie aura pour effet de créer des mœurs publiques qui ne permettront plus de traiter la politique comme une affaire de luxe, bonne à occuper quelques oisifs ou quelques ambitieux. Mais en rendant à la cité la part qui lui appartient dans la vie sociale, la démocratie devra respecter les affections, les devoirs, les intérêts qui lui sont étrangers et qui tiendront toujours une grande place dans la vie de l'homme moderne. Il y a donc absolue nécessité pour la société la plus démocratique de la gouverner et de l'administrer par délégation. Le peuple choisit dans son sein les membres qu'il estime les plus honnêtes et les plus capables. En leur confiant la mission de gouverner et d'administrer en son nom et pour son compte, il leur délègue toute sa souveraineté, ne se réservant d'autre droit et d'autre sanction que l'épreuve d'une nouvelle élection. Toute sanction par un vote populaire, des décrets et des lois du parlement et une concession au faux principe du gouvernement direct. Il en est de même de la doctrine des mandats impératifs...... » (*La Démocratie*, p. 345).

Nous avons insisté sur ce sujet, parce que la théorie de gouvernement direct nous paraît avoir une part excessive dans le projet de Chastellain, imbu, comme tant d'autres de ses collègues, des idées et des pratiques des anciennes républiques de la Grèce et de Rome. Autres temps, autres mœurs.

Après de longs détails sur les électeurs et les éligibles, détails qui font connaître tant bien que mal les rouages très compliqués de la machine gouvernementale, l'auteur arrive au gouvernement en lui-même.

« Qui sera le gouvernement? qui sera le gouverné ?....

« Eh ! qu'importe, pourvu que le pouvoir soit contenu « par l'obéissance protégée.

« Si une fois le gouvernement établi convient au « peuple, et si le peuple est content du gouvernement, « le danger cesse et dissipe l'angoisse de tous les es-« prits. »

Certes il n'y a rien à répondre à cela, cette hypothèse concilie tout : elle se met en dehors de tout principe. C'est le fait accepté, quel qu'il soit. Politique facile, qui n'est plus qu'un jeu de hasard.

Aussi, pour être logique avec lui-même, Chastellain dit-il plus bas : « Je ne suis pas plus monarchiste que républicain, toutes les formes de gouvernement me sont indifférentes. »

Cependant, il indique que pour gouverner la monarchie et diriger la république, il n'existe réellement que deux nombres : *un* pour la monarchie ; *deux* pour la république, C'est *un roi* ou *deux directeurs.*

Chastellain blâme énergiquement le nombre de cinq conducteurs de la république, tels que les instituait la Constitution de l'an III : il n'y voyait que confusion, désordre et anarchie. « Le gouvernement républicain, dit-« il, porte et marche gravement sur *deux.* Il est vrai « aussi qu'au-delà de ces deux valeurs vous tombez dans « le gouvernement *neutre*; abîme sans fond, régime in-« décis, toujours chancelant et sans cesse agité, où le « magistrat et le peuple peuvent tout projeter, dire et « faire tout, hors le bien. »

Sous le titre d'exécution de la volonté générale, notre législateur institue un collége national élu par le peuple dans ses comices et deux consuls chargés du pouvoir exécutif. Ici nous trouvons encore des divisions et subdivisions pour les attributions administratives qu'il n'est pas toujours facile de saisir à la première lecture. C'est un luxe de complications dont la nécessité n'est pas bien démontrée et sur lequel nous n'insistons pas.

Chastellain veut également que toutes les fonctions publiques, tous les emplois administratifs soient rétribués. Il décide qu'il sera formé parmi les membres retirés avec pension du grand et petit conseil, du conseil général des vérificateurs et du corps législatif, un bureau de conciliation devant lequel seront portés :

1° Les débats et contestations qui pourraient naître entre les trois parties du gouvernement;

2° Les difficultés élevées entre les sénats de cités, entre les membres du même sénat et des sénats vis-à-vis des municipalités;

3° La contestation des communes et municipalités entre elles, ou des officiers municipaux d'une même commune;

4° Enfin toute affaire contentieuse dont la loi aura ôté la connaissance aux sénats de cité et aux municipalités;

5° Ce bureau sera nommé *conciliation*, et ses membres appelés *pères de la paix.*

Il nommera les consuls et leurs remplaçants sur la présentation du collége national et des vérificateurs.

Cette institution répond assez bien au conseil d'Etat,

tel qu'il est constitué de nos jours, mais avec des pouvoirs et des attributions beaucoup plus larges.

Un chapître qui mérite d'attirer l'attention est celui des *curateurs publics*. Ceux-là, d'après Chastellain, auront l'administration et la régie des biens des mineurs, des absents et des interdits. Ils seront chargés de pourvoir à la subsistance, à l'éducation et à l'entretien de ces déshérités, au moyen d'une *caisse commune* où entreront les revenus et les biens disponibles dont il ne sera tenu compte à chacun qu'au prorata de ses besoins ; espèce de confiscation pour les riches, et d'assistance pour les pauvres. Seront mis au nombre des mineurs orphelins, et partageront le bénéfice de la masse commune et les soins des curateurs publics, les enfants abandonnés dont les auteurs seront inconnus. Les mâles feront partie de la tribu militaire si leur conformation ne s'y oppose pas, et leur éducation sera dirigée vers cette destination. Cependant, notre réformateur consent à faire restituer aux mineurs ou interdits arrivés à leur majorité, où à la levée légale de l'interdiction, leurs meubles et immeubles. Il ne disposerait donc que des intérêts pour la cause commune, et probablement du capital en cas de décès sans héritiers.

Nous voyons déjà poindre ici le principe de la solidarité, invoquée si ardemment de nos jours par certaines écoles socialistes ; nous en retrouverons des traces dans la suite de cette analyse.

Les administrations municipales, composées d'un maire et de plusieurs officiers municipaux, selon l'importance de la tribu, seront chargées de juger, sans appel, les délits de police commis sur leur territoire et, par voie d'arbitrage et de conciliation, les causes civiles, contestations et procès entre particuliers, quelle que soit la valeur des objets en litige.

Cette prérogative, que l'on ne pourra obtenir dans sa commune même, suppose d'assez nombreuses connaissances en droit civil et en jurisprudence.

Les communes seront organisées, au point de vue de leurs propriétés, de leurs capitaux, de leurs chemins vicinaux et de leurs droits affouagers, à peu près de la même manière que celle qui nous régit aujourd'hui.

« Tout citoyen arrivant dans une commune pour s'y
« fixer, décrète notre législateur, sera tenu de se présen-
« ter devant l'administration municipale et d'y produire
« un certificat de la municipalité de son dernier domi-
« cile, signé de trois citoyens désignés comme témoins
« non récusables de sa bonne conduite et de ses moyens
« de subsistance, s'il est sans profession.

« A défaut de ce certificat, le nouvel arrivant sera sou-
« mis pendant un an à la surveillance de ses voisins, sur
« les plaintes desquels, portées devant la municipalité
« par quatre chefs de famille domiciliés depuis trois ans,
« il sera contraint d'évacuer le territoire dans la quin-
« zaine, quand bien même il aurait acheté ou pris à bail
« de longues années la maison qu'il habite. L'expulsion
« sera délibérée en conseil général et à la pluralité des
« voix, au scrutin. »

Que pensez-vous d'une telle mesure? Et combien de
déménagements forcés verrait-on chaque jour dans nos
grandes villes si pareille loi était édictée.

Chastellain et Drège, son collaborateur, avouent n'avoir
pas osé, dans l'exposition de leur système gouvernemental, traiter de la force militaire constituée. Ce chapître
semble les embarrasser beaucoup et ils l'ont ajourné à
plus tard.

Ils confessent qu'il reste beaucoup à faire pour lancer
sans danger *la tribu militaire* dans le mouvement im-
primé au reste de la machine publique, et d'*un attroupe-
ment soldé, d'un instrument aveugle de l'ambition ou de la
tyrannie d'un seul*, en faire le bras protecteur du corps
dont il devient membre, et duquel il doit tirer sa subsistance et sa force.

« Pour cette partie importante de l'Etat, on ne peut
« s'aider de l'exemple ; aucune nation n'offre de modèle
« satisfaisant sur la manière de constituer ses forces ; il
« semble, au contraire, que ces peuples, que l'histoire
« nous cite comme les plus libres, ont toujours renoncé à
« leur liberté lorsqu'il s'est agi de la défendre, ou l'ont
« perdue par les moyens qui devaient la sauver. »

Aussi, bien qu'ils ne nient pas la possibilité des guerres
extérieures suscitées par l'ambition de quelque puissance

voisine, ils se bornent à faire de l'armée un instrument de police intérieure. Ils se réservent de développer leur idée sur l'avenir de la force armée quand la patrie leur ordonnera d'y pourvoir. Ils sont morts tous deux en emportant leur secret dans la tombe.

Pour Chastellain, le nerf de l'état social est l'impôt. Il veut qu'il soit établi, consenti et perçu conformément aux principes de la liberté et de la souveraineté. Il ne veut pas de bases invariables, mais une contribution par abonnement, dont le chiffre serait fixé sur l'observation de trois années consécutives et adopté sur la moyenne de cette période pour une série de neuf années. Un pareil mode ne serait pas supportable ; il apporterait à chaque instant des perturbations sans nombre chez les contribuables et dans le trésor public.

Notre économiste va plus loin encore : il réclame, pour la tribu rustique, le subside payé en nature : chaque année il y aurait une enchère publique sur les céréales déposées comme contribution en plein champ, une réminiscence de la dîme qui ne nous paraît pas très heureuse à l'issue des luttes formidables de la révolution contre un passé qui n'a plus sa raison d'être. Une pareille solution dans une question aussi capitale et aussi brûlante que celle de l'impôt est évidemment non moins puérile qu'impolitique.

Chastellain semble l'avoir pressenti quand il dit : « Ce ne serait opérer le bien général qu'à demi et faire le mal particulier complétement, si une perception judicieuse et régulière, par le principe, était désolante et oppressive dans son procédé ; si, aveuglé par un zèle mal entendu et bornant sa brutale cupidité au moyen grossier d'augmenter le revenu public aux dépens des ressources particulières, le féroce économiste employait les moyens arbitraires et *coactifs* qui aggravent le tribut en pure perte, inquiètent le citoyen, troublent l'ordre et excitent généralement la défiance et l'aversion populaire..... D'où il résulte que semblable aux meilleurs remèdes qui causent d'autant plus de ravages qu'ils sont administrés inconsidérément, la perception en nature, toute juste qu'elle est, accompagnée des avantages réels ou imaginaires qu'elle paraît comporter, serait beaucoup plus oppressive que la contribution pécunière, si les précautions suivantes étaient négligées. »

Nous ferons grâce au lecteur de ces précautions réglementaires qui sont ou ridicules ou inexécutables.

Une idée beaucoup plus féconde et surtout plus pratique, est celle que produit Chastellain au sujet d'un fonds d'assurances pour la reconstruction et réparation des maisons, usines et cœtera, en cas d'incendie ou autres accidents, ainsi que pour la perte des bestiaux. Chaque municipalité aurait une caisse où serait versée la cotisation des propriétaires des bâtiments assurés et si, en cas de sinistres, les pertes dépassaient l'épargne accumulée, si le fonds d'assurance était insuffisant, le sénat convoquerait les assemblées mères et, sur leur consentement, s'adresserait au conciliatoire des pères de la paix, afin qu'il soit pourvu sans délai, par les autres cités, au soulagement de la commune affligée.

Voilà encore, ce nous semble, une excellente aspiration vers l'assistance bien entendue et la solidarité générale, telle que nous aimerions à la voir pratiquée dans notre état social. Nous avons provisoirement les sociétés d'assurances, espèces de banques fondées par des spéculateurs généralement peu dirigés par un esprit de philanthropie : ces institutions privées disparaîtront totalement plus tard devant l'association largement comprise, et mettant sous sa sauvegarde toutes les misères et toutes les infortunes.

De plus, il était dit dans le *Pacte social* que les maisons et chaumières de la campagne, n'étant que des ateliers ou écoles de l'agriculture, doivent être affranchies de toute contribution publique. Une mesure de ce genre ne serait pas à dédaigner si l'on voulait rappeler les bras si nombreux qui désertent nos champs et nos travaux rustiques.

La sollicitude de Chastellain, pour la bonne tenue des maisons agricoles, s'étendait si loin, qu'il voulait que, deux fois par an, les sénateurs en ambulance, assistés d'un officier municipal, se transportassent dans les communes de la cité pour visiter chaque maison, vérifier la qualité des fourrages, l'entretien et le soin des bestiaux, ainsi que la propreté et la salubrité des étables. Ici, nous le voyons, l'initiative privée tombait encore sous le contrôle public. *La liberté totale* ne paraissait pas avoir porté des fruits bien rassurants.

Bien plus, il demandait pour le commerce des bestiaux des garanties minutieuses qui, en imposant au vendeur des formalités, excessives peut-être, donnaient à l'acheteur une sécurité plus complète.

« Aucun marchand ne se présentera sur les foires ou marchés, sans être muni de certificat d'un officier municipal, pour constater sa solvabilité, le titre de propriété et le signalement des bestiaux qu'il expose en vente.

« Chaque municipalité tiendra registre du dénombrement et de l'âge des bestiaux existant dans sa commune, de ceux qui les tiennent et à quel titre, ainsi qu'un état exact des certificats qu'elle aura délivrés à cet effet. »

Nous ne savons si nos derniers ministres de l'agriculture et du commerce ont lu le *Pacte social ;* toujours est-il que cette dernière clause est actuellement en vigueur parmi nous.

Il avait été question de supprimer, dans chaque village, les municipalités, pour les remplacer par des municipalités de canton. Chastellain s'élève avec énergie contre ce projet bizarre, qui voulait asservir les communes aux caprices et à l'oppression des demi-villes, que l'on suppose plus éclairées que les simples clochers de nos campagnes.

« Le grand défaut des législateurs modernes est de prétendre à la plus haute perfection, écrit-il, de sacrifier de grands avantages à de petits abus, de vanter la morale sans rien faire pour les mœurs. Des constitutions métaphysiques et des républiques idéales, voilà ce qu'ils veulent, et ce n'est pas là ce qu'il nous faut. »

« Les campagnes veulent des lois simples et sans art, comme les hommes sans apprêt à qui elles sont destinées. »

« Ce n'est point en s'attachant au plan parcimonieux de ne laisser subsister qu'une municipalité par canton, en instituant des fêtes sans sujet, des réjouissances forcées, en astreignant les hommes et les animaux à un travail consécutif de dix jours qui surpasse toutes les forces, en adoptant un calendrier qui brouille tout, en contraignant de bonnes femmes et de paisibles cultivateurs à devenir praticiens, financiers, esprits forts, que vous parviendrez à faire de bons républicains. »

« Quand vous élèveriez des temples à l'incendie et au meurtre, continue-t-il, des autels à l'assassinat et au vol ; quand vous érigeriez des universités et des écoles primaires d'athéisme ; quand vous démoliriez toutes les églises, que vous casseriez toutes les cloches, que vous profaneriez et abattriez toutes les croix, que vous tueriez tous les prêtres, les archevêques et les papes ; que vous arracheriez tous les morts de leurs tombeaux, et qu'ensuite, et par dérision, vous rétabliriez la liberté des cultes ; créez, si vous voulez, un nouvel Etre suprême, constituez une nouvelle immortalité de l'âme, inventez une religion à votre mode ; donnez à la nation tout ce qui appartient au peuple et ne donnez rien au peuple de ce que vous prétendez appartenir à la nation ; enfin mettez-vous bien à votre aise, parlez, philosophez et vomissez des lois sans cesse pour et contre, les travaux de la campagne en seront-ils moins rudes? La terre sera-t-elle plus féconde? Et vous, enfin, en serez-vous plus riches et moins malheureux? »

Et après cette sortie contre les législateurs improvisés de son temps, il termine ainsi son réquisitoire :

« Quel serait l'homme plus capable de découvrir les moyens réels de rendre ses semblables plus heureux? Est-ce le jurisconsulte, le financier, le philosophe?... non, non ! c'est le sage expérimenté, le génie compâtissant, qui, après de longues épreuves, connaissant les misères de la vie et les faiblesses de ses semblables, aurait été successivement soldat, navigateur et berger. »

Nous avons cité ces étranges passages de l'œuvre de notre conventionnel parce qu'ils reproduisent certains traits caractéristiques de l'état des esprits à l'époque où l'on osait déjà publier ces lignes. On y sent le souffle brûlant de la revendication contre les jours de terreur qui venaient de peser sur la France.

Les indications qu'il fournit sur l'impôt des grandes villes sont trop vagues et trop mal étudiées pour que nous nous y arrêtions. En parlant des capitales, il déplore l'anarchie qui règne dans la distribution des sections où se fomentent les désordres politiques :

« Ce n'est pas aux malheureux habitants de Paris qu'il faut attribuer ce déluge de maux de toute espèce dont la France a été inondée pendant la révolution, mais seulement à cette foule innombrable d'étourdis, de voleurs, d'intrigants, de banqueroutiers, de brelandiers, de faussaires et d'étrangers sans aveu qui s'y sont réfugiés à la faveur de l'incognito, ont affamé et pillé cette capitale où ils étaient sûrs de trouver impunité pour le passé, assurance, protection, liberté, fraternité pour eux seuls et la mort pour les autres, en se jetant dans les sociétés populaires où ils dominaient, et de là se répandaient, armés de pouvoirs illimités, dans les provinces et même dans Paris, où ils ont travaillé avec tant de succès, comme l'on sait. Si, dès l'origine, les sections eussent été plus multipliées et moins étendues, il eût été impossible à un seul coquin de s'y nicher pendant vingt-quatre heures, et à qui que ce fût de le récéler.

« Habitants de Paris, c'est de vos divisions locales par *curies*, *décuries* et *centuries*, c'est des conditions de l'ordre de la règle qu'il vous sera permis d'établir parmi vous et de la liberté des enceintes et de l'espace, où seront contenus vos rassemblements, que dépendent votre tranquillité et la nôtre. Il est essentiel, pour vous et pour nous, de vous reconnaître entre vous tous individuellement, pour, dans l'occasion, vous apprécier mutuellement ; vous saurez alors sur la fidélité de qui vous pourrez compter, pour vous rendre cautions et garants les uns envers les autres et vous préserver vous-même de toute atteinte. Une cuisante expérience doit vous avoir inculqué cette vérité mieux que le plus subtil politique ne ferait. »

Un dernier chapitre, intitulé : *Loi fondamentale* ou *agraire*, règle les conditions du pacte social sur l'étendue, les limites et la division des domaines, acquisitions et propriétés foncières, les plus conformes au maintien de l'égalité civile et à la fécondité des terres.

Ce chapitre, qui touche, on le voit, au principe fondamental de la propriété, méritait des développements considérables pour être bien compris. Chastellain avoue qu'il ne présente qu'un projet informe et dont l'étude ultérieure serait indispensable. Qu'il nous suffise de dire que ce travail, produit à la hâte, ne donne pas de solution bien décisive au problème de la propriété. Son but principal est de prévenir l'extension trop considérable de la grande propriété (précaution inutile de nos jours) et d'opérer une division des terres en harmonie avec les besoins des populations et suivant la quantité et la qualité des produits. Il prétend que tout gouvernement doit adopter cette base, qu'il ne fixe pas, s'il veut obtenir une association politique solidement constituée ; c'est pour lui une des conditions de l'*harmonie* sociale. Il veut de plus que chaque commune ait la faculté de posséder un domaine inaliénable à l'effet de pourvoir tant à la nourriture et au parcours des bestiaux qu'au chauffage, usines et autres besoins locaux et communs à tous ses habitants. En ce sens, le domaine public peut comprendre le quart du terrain de la commune.

Le temps n'a pas permis non plus à Chastellain de développer ses idées sur l'instruction publique : « Lorsqu'un état a besoin d'hommes libres et non d'esclaves, le premier soin du législateur est d'apprécier indistinctement tous les hommes à la liberté, d'en faciliter l'accès aux plus faibles, et *à peu de frais*, leur en procurer les moyens, sinon par humanité, au moins par politique, et prescrire les éléments primitifs d'une instruction suffisante pour y parvenir, sans se donner la peine d'instruire lui-même. »

Il termine son travail par quelques aperçus très bien sentis sur la liberté du commerce et sur la nécessité de le dégager de toute contribution ou droits indirects qui, en dernière analyse, viennent frapper sur la classe laborieuse du peuple.

Nous n'insisterons pas davantage sur le *pacte social* dont une esquisse bien détaillée dépasserait de beaucoup les limites qui nous sont imposées. Drège, le collaborateur et l'ami de Chastellain, a résumé, très heureusement, dans un tableau synoptique, toute l'économie du système.

Ce tableau est difficile à reproduire par son étendue ; nous y renvoyons le lecteur qui désirerait mieux comprendre l'ensemble du système.

Voici comment Chastellain termine son œuvre :

« Si nous ne pouvons nous flatter d'avoir rempli, dans toute son étendue, la tâche difficile que nous nous sommes imposée, nous croyons du moins avoir, dans cette esquisse d'un pacte social, démontré :

« 1° L'inutilité, l'impossibilité même d'une monarchie parmi nous ;

« 2° La souveraineté du peuple sans anarchie ;

« 3° L'autorité du gouvernement sans risques pour la souveraineté ;

« 4° La surveillance sans avilissement pour l'autorité ;

« 5° La législature sans influence sur la liberté ;

« 6° Des administrations sans lisières ;

« 7° Des municipalités sans entraves ;

« 8° Des tribunaux sans chicane ;

« 9° Un conciliateur souverain sans prétention ;

« 10° Un juge indépendant entre le peuple et son magistrat ;

« 11° Le citoyen libre et sans autre maître que la loi qui protège sa personne et ses propriétés ;

« 12° Les fortunes particulières affermées sur la fortune publique, affranchie elle-même des spéculations meurtrières du gouvernement et de la rapacité du fisc ;

« 13° Un impôt unique exempt d'arbitraire, fixe dans sa mesure, simple et uniforme dans sa marche, commode dans sa perception, assuré dans ses produits, économique dans son emploi ;

« 14° Enfin un corps social institué, constitué et organisé de manière à mériter et conserver le nom de République, *une et indivisible*..... »

Rien de plus séduisant, on le voit, que le gouvernement proposé par notre réformateur sénonais. La Convention nationale, mise en demeure de choisir entre ce document et la Constitution de l'an III, a opté pour cette dernière. Les événements ont démontré qu'elle n'a pas eu la main heureuse.

Nous avons déjà parlé de Drège, le secrétaire du Conseil général du district de Sens, et nous demanderons la permission de revenir sur cette figure, qui n'a été aperçue que dans la pénombre de ce tableau. Drège, cependant, comme nous l'avons dit, paraît avoir joué un rôle important dans la confection du système politique élaboré par Chastellain. La signature, par ses initiales, apposée à plusieurs paragraphes des nombreux chapitres du *Pacte social*, prouve qu'il a eu une large part d'initiative dans cette association réformatrice. Ce qui nous a frappé surtout, c'est la tendance de ce penseur aux idées sériaires et à l'évolution sociale interprétée d'après les lois naturelles. Pour lui, comme pour Chastellain, les nations sont des individus qui ont leur enfance, leur jeunesse, leur maturité et leur vieillesse. Il a fourni à l'œuvre commune un tableau qu'il intitule : *Marche du système social*. Il y considère l'homme sous cinq états différents :

1° Sauvage, chasseur et pêcheur ;
2° Pasteur nomade :
3° Pasteur fixe et agricole ;
4° Agriculteur, conquérant, navigateur ;
5° Dépravé, avili.

En regard de ces périodes humanitaire, il assigne cinq âges au corps social :

L'*enfance*, représentant les mœurs simples, les usages et conventions traditionnels, la raison simple, la propriété universelle;

L'*adolescence*, se rattachant au gouvernement *patriarchal*, aux mœurs simples, aux vérités primitives, au droit commun, à la raison combinée et à la propriété commune ;

La *maturité*, offrant le mélange du gouvernement patriarchal et aristocratique, l'introduction de la morale et du relâchement des mœurs, le droit écrit, la jurisprudence, la raison altérée, la propriété exclusive ;

La *vieillesse*, produisant la confusion du gouvernement patriarchal et aristocratique, les manières substituées aux mœurs, la jurisprudence incertaine, la multiplicité des lois, le raisonnement substitué à la raison, la propriété incertaine ;

La *caducité*, réduite à l'anarchie, à l'immoralité, à la jurisprudence arbitraire, à la contradiction des lois, à l'esprit de vertige, à la violation des personnes et des propriétés ;

Enfin, une sixième phase établie pour l'homme et les

sociétés qui les ramène à la barbarie, à la loi du plus fort, à l'instinct brutal et à l'abîme des siècles.

Nous aurions passé sous silence cette exhibition fantaisiste, si elle n'avait pas été reproduite, à peu près dans les mêmes conditions et sous la même forme, par le célèbre réformateur phalanstérien, Charles Fourier, dans sa vaste publication socialiste éditée en 1808. Nous croyons fermement, en comparant les données sociales de Fourrier et les données politiques de Chastellain et de Drège, que l'élucubration de ces derniers a été consultée par le créateur du phalanstère et qu'il a profité de leurs idées pour édifier son utopie. Ce n'est pas ici le lieu de produire les rapprochements et comparaisons qui viendraient à l'appui de notre thèse. Nous voulons seulement indiquer aux chercheurs une étude curieuse à plus d'un point de vue.

Nous n'entreprendrons pas non plus la critique du *Pacte social*. Cette fantaisie est tombée dans le domaine de l'histoire ; elle a été rejoindre toutes les idéalités du même genre. Ce sont les archives des illusions et des aspirations les plus généreuses de l'âme et du cœur de l'homme ; le philosophe et le penseur aiment à s'y retremper par intervalles, car si elles renferment des erreurs et des insanités condamnables, elles dégagent parfois d'éblouissantes vérités.

Chastellain fut amèrement impressionné de l'indifférence qui accueillit son *Pacte social* à la Convention nationale. Il en a laissé un vestige sur l'exemplaire de son œuvre, qui est déposé à la bibliothèque de Sens ; on y lit cette inscription latine écrite de sa main :

Cum stultis, insipientibus et infestissimis hostibus patriæ meæ sedi; proptereà in vanum laboravi et sine causà comsumpsi fortitudinem meam. Proh dolor (1) *!*

Devenu membre du *Conseil des cinq cents*, il en sortit

(1) Cette annotation nous a été adressée par notre honorable collègue et ami M. Deligand, que nous ne saurions trop remercier de son concours et de son obligeance.

Nous devons aussi nos remerciements à M. Lhoste, instituteur à Subligny, qui a bien voulu nous renseigner sur les souvenirs que Chastellain a laissés dans cette commune.

en mai 1797. Nous n'avons rien recueilli sur le rôle qu'il a joué dans cette assemblée.

Après le 18 brumaire, Chastellain fut nommé juge au tribunal civil de Sens et prit définitivement sa retraite à l'époque de la Restauration. Il mourut en 1824 dans l'isolement et dans l'oubli.

Quant à Drège; il ne nous a pas été possible d'obtenir le moindre renseignement sur sa personne en dehors de sa collaboration au *Pacte social*.

Nous prions le lecteur de pardonner à l'imperfection de cette étude rapide, qui n'a eu d'autre but que de ramener un regard et un souvenir vers la mémoire d'un homme de bien, qui, profondément affligé des malheurs de sa patrie, mit tout son esprit et tout son cœur au service d'un avenir plus consolant.

Bien des événements, bien des tempêtes ont troublé, depuis ce temps, notre pauvre France. Arrivera-t-elle au port? Ne désespérons pas de la Providence et méditons ces belles paroles consignées dans la *Démocratie*, de Vacherot :

« Dans le développement progressif de la civilisation humaine, les moyens sont aussi obscurs que le but est visible. C'est que le but est nécessaire, tandis que les moyens sont plus ou moins contingents. La loi du progrès s'arrange de tout : des mérites et des fautes, des vertus et des vices, des bons et des mauvais gouvernements. Le bien suprême sort du mal ; le sublime effort jaillit tout à coup, comme l'éclair, de la plus dégradante abjection. Tel despotisme, qui semblait avoir courbé toutes les têtes, provoque un certain jour un magnifique élan de liberté. Sans les misères accumulées de l'ancien régime, la révolution de 89 n'aurait eu ni sa force irrésistible ni son héroïque vertu. Les réactions n'arrêtent un moment le progrès des sociétés que pour les précipiter ensuite vers le but. Entre toutes les routes qui conduisent au port, il serait difficile de dire *à priori* laquelle abrège le temps et les peines de l'humanité. Les sociétés modernes vont à la démocratie par toutes les voies : par les révolutions, par les restaurations, par la liberté, par le despotisme, par l'anarchie. Chaque peuple y procède à sa manière et selon son génie propre : celui-ci par la révolution violente, celui-là par la révolution pacifique. Tel y porte un bon sens qui prévient les excès et une solidité de caractère qui ne permet pas les défaillances ; tel autre s'y jette avec une furie héroïque que n'arrête aucun obstacle, mais aussi avec une légèreté qui le fait reculer bien au-delà du point de départ. A tout prendre, il serait difficile de découvrir l'élu de la Providence parmi les grands peuples qu'elle a doués de facultés aussi admirables que diverses pour l'œuvre commune de la civilisation. Et parmi les histoires nationales de ces peuples, il ne serait pas plus facile de dire laquelle fait la meilleure page de l'histoire universelle. »

EMILE DUCHÉ,

Membre du Conseil général de l'Yonne.

www.ingramcontent.com/pod-product-compliance
Ingram Content Group UK Ltd.
Pitfield, Milton Keynes, MK11 3LW, UK
UKHW022238070726
13613UKWH00005B/2009